PRÁTICAS EDUCATIVAS E INCLUSIVAS NA ESCOLA
CARTILHA DE CIÊNCIAS COMO FERRAMENTA INTERDISCIPLINAR CONSTRUÍDA A PARTIR DAS EXPERIÊNCIAS COM AS AULAS DIVERSIFICADAS

Editora Appris Ltda.
1.ª Edição - Copyright© 2025 do autor
Direitos de Edição Reservados à Editora Appris Ltda.

Nenhuma parte desta obra poderá ser utilizada indevidamente, sem estar de acordo com a Lei nº
9.610/98. Se incorreções forem encontradas, serão de exclusiva responsabilidade de seus organi-
zadores. Foi realizado o Depósito Legal na Fundação Biblioteca Nacional, de acordo com as Leis nᵒˢ
10.994, de 14/12/2004, e 12.192, de 14/01/2010.

Catalogação na Fonte
Elaborado por: Dayanne Leal Souza
Bibliotecária CRB 9/2162

R627p
2025
	Rizo, Walace Fraga
	    Práticas educativas e inclusivas na escola: cartilha de ciências como
	ferramenta interdisciplinar construída a partir das experiências com as aulas
	diversificadas / Walace Fraga Rizo. – 1. ed. – Curitiba: Appris, 2025.
	    93 p. ; 21 cm. – (Coleção Educação, Tecnologias e Transdisciplinaridades).
	
	    Inclui referências.
	    ISBN 978-65-250-6790-2
	
	    1. Atividades interdisciplinares. 2. Educação. 3. Formação docente.
	4. Inclusão. I. Rizo, Walace Fraga. II. Título. III. Série.
	                                                                                    CDD – 371.1

Livro de acordo com a normalização técnica da ABNT

Appris
editorial

Editora e Livraria Appris Ltda.
Av. Manoel Ribas, 2265 – Mercês
Curitiba/PR – CEP: 80810-002
Tel. (41) 3156 - 4731
www.editoraappris.com.br

Printed in Brazil
Impresso no Brasil

Walace Fraga Rizo

PRÁTICAS EDUCATIVAS E INCLUSIVAS NA ESCOLA

CARTILHA DE CIÊNCIAS COMO FERRAMENTA
INTERDISCIPLINAR CONSTRUÍDA A PARTIR DAS
EXPERIÊNCIAS COM AS AULAS DIVERSIFICADAS

Appris
editora

Curitiba, PR
2025

FICHA TÉCNICA

EDITORIAL
Augusto Coelho
Sara C. de Andrade Coelho

COMITÊ EDITORIAL
Ana El Achkar (Universo/RJ)
Andréa Barbosa Gouveia (UFPR)
Antonio Evangelista de Souza Netto (PUC-SP)
Belinda Cunha (UFPB)
Délton Winter de Carvalho (FMP)
Edson da Silva (UFVJM)
Eliete Correia dos Santos (UEPB)
Erineu Foerste (Ufes)
Fabiano Santos (UERJ-IESP)
Francinete Fernandes de Sousa (UEPB)
Francisco Carlos Duarte (PUCPR)
Francisco de Assis (Fiam-Faam-SP-Brasil)
Gláucia Figueiredo (UNIPAMPA/ UDELAR)
Jacques de Lima Ferreira (UNOESC)
Jean Carlos Gonçalves (UFPR)
José Wálter Nunes (UnB)
Junia de Vilhena (PUC-RIO)

Lucas Mesquita (UNILA)
Márcia Gonçalves (Unitau)
Maria Aparecida Barbosa (USP)
Maria Margarida de Andrade (Umack)
Marilda A. Behrens (PUCPR)
Marília Andrade Torales Campos (UFPR)
Marli Caetano
Patrícia L. Torres (PUCPR)
Paula Costa Mosca Macedo (UNIFESP)
Ramon Blanco (UNILA)
Roberta Ecleide Kelly (NEPE)
Roque Ismael da Costa Güllich (UFFS)
Sergio Gomes (UFRJ)
Tiago Gagliano Pinto Alberto (PUCPR)
Toni Reis (UP)
Valdomiro de Oliveira (UFPR)

SUPERVISORA EDITORIAL
Renata C. Lopes

PRODUÇÃO EDITORIAL
Daniela Nazário

REVISÃO
Raquel Fuchs de Carvalho

DIAGRAMAÇÃO
Andrezza Libel

CAPA
Carlos Pereira

REVISÃO DE PROVA
Jibril Keddeh

COMITÊ CIENTÍFICO DA COLEÇÃO EDUCAÇÃO, TECNOLOGIAS E TRANSDISCIPLINARIDADE

DIREÇÃO CIENTÍFICA **Dr.ª Marilda A. Behrens (PUCPR)**   **Dr.ª Patrícia L. Torres (PUCPR)**

CONSULTORES
Dr.ª Ademilde Silveira Sartori (Udesc)

Dr. Ángel H. Facundo
(Univ. Externado de Colômbia)

Dr.ª Ariana Maria de Almeida Matos Cosme
(Universidade do Porto/Portugal)

Dr. Artieres Estevão Romeiro
(Universidade Técnica Particular de Loja-Equador)

Dr. Bento Duarte da Silva
(Universidade do Minho/Portugal)

Dr. Claudio Rama (Univ. de la Empresa-Uruguai)

Dr.ª Cristiane de Oliveira Busato Smith
(Arizona State University /EUA)

Dr.ª Dulce Márcia Cruz (Ufsc)

Dr.ª Edméa Santos (Uerj)

Dr.ª Eliane Schlemmer (Unisinos)

Dr.ª Ercilia Maria Angeli Teixeira de Paula (UEM)

Dr.ª Evelise Maria Labatut Portilho (PUCPR)

Dr.ª Evelyn de Almeida Orlando (PUCPR)

Dr. Francisco Antonio Pereira Fialho (Ufsc)

Dr.ª Fabiane Oliveira (PUCPR)

Dr.ª Iara Cordeiro de Melo Franco (PUC Minas)

Dr. João Augusto Mattar Neto (PUC-SP)

Dr. José Manuel Moran Costas
(Universidade Anhembi Morumbi)

Dr.ª Lúcia Amante (Univ. Aberta-Portugal)

Dr.ª Lucia Maria Martins Giraffa (PUCRS)

Dr. Marco Antonio da Silva (Uerj)

Dr.ª Maria Altina da Silva Ramos
(Universidade do Minho-Portugal)

Dr.ª Maria Joana Mader Joaquim (HC-UFPR)

Dr. Reginaldo Rodrigues da Costa (PUCPR)

Dr. Ricardo Antunes de Sá (UFPR)

Dr.ª Romilda Teodora Ens (PUCPR)

Dr. Rui Trindade (Univ. do Porto-Portugal)

Dr.ª Sonia Ana Charchut Leszczynski (UTFPR)

Dr.ª Vani Moreira Kenski (USP)

Dedico este trabalho a todos os alunos que eu tive a honra de conhecer durante todos esses anos trabalhando como professor. A todos os funcionários, os colegas professores, ao pedagógico e à direção da escola "Meu sangue é Azul".

À minha família: minha mãe, dona Penha; meus irmãos Welington e Tiago; minha sobrinha, Júlia; e aos colegas de perto e de longe.

AGRADECIMENTOS

A Deus, na sua grandiosidade, luz e esperança, que no meu viver se faz presente em tudo que é bom, em tudo que é amor, paz e refúgio.

A minha família: à minha mãe, a senhora Maria da Penha Fraga Rizo, aos meus irmãos e amigos Welington, Tiago e Leandro. À minha sobrinha linda, Júlia Fraga Martins.

Aos alunos do ensino parcial da escola "Meu Sangue é Azul", sintam-se representados por todos os demais discentes que passaram na minha carreira de professor durante todo o percurso. Aos professores, aos funcionários, ao pedagógico, à coordenação e à direção o meu muito obrigado, minha escola do coração.

A todos os amigos que contribuíram direta ou indiretamente na formação deste trabalho.

Aos atuais alunos e ex-alunos, que são a minha motivação para prosseguir e trabalhar na profissão que **é** ser professor. Deixo uma frase do autor Paulo Freire (1996, p. 67) que diz "Educação não transforma o mundo. Educação muda pessoas. Pessoas transformam o mundo [...]. Não há saber mais ou saber menos. Há saberes diferentes".

A todos agradeço de coração.

Uma pessoa inteligente aprende com seus erros, uma pessoa sábia aprende com os erros dos outros. Não deixe as frustrações dominarem você, domine-as. Faça dos erros uma oportunidade para crescer. Na vida, erra quem não sabe lidar com seus fracassos.

(Augusto Cury)

APRESENTAÇÃO

Continuo sempre me inaugurando, abrindo e fechando círculos de vida, jogando-os de lado, murchos, cheios de passado. Escrever sempre me foi difícil, embora tivesse partido do que se chama vocação. Vocação é diferente de talento. Pode-se ter vocação e não ter talento, isto é, pode-se ser chamado e não saber como ir.

(Clarice Lispector)

Para mim, escrevi este livro em um momento certo da minha carreira como docente da educação básica, da graduação e da pós-graduação. Vejo que esses anos de experiência como professor me trouxeram a maturidade para juntar elementos importantes e fundamentais para um bom domínio de conteúdo e didática em sala de aula.

No início eu achava que ser professor era vocação. Hoje eu afirmo que ser professor é um trabalho continuo de formação, leitura, interpretação e domínio, que se consegue com o dia a dia em sala de aula, com os alunos e com os colegas de trabalho. Ninguém nasce professor. Nós nos transformamos em professores. Percebam que ao contar sobre a minha formação profissional, ela não aconteceu de forma sequencial como ocorre com muitos estudantes universitários.

Primeiro eu cursei a graduação no curso de Farmácia na Faculdade de Filosofia Ciências e Letras de Alegre (Espírito Santo/ ES). Após concluir minha primeira faculdade, comecei – ainda no estado do ES – a trabalhar como professor lecionando a disciplina de Química para os alunos do ensino médio da rede estadual, eu também atuava concomitantemente como farmacêutico. Após alguns anos de experiência, senti a necessidade de continuar os estudos e foi assim que prestei a seleção para o mestrado em Biotecnologia, ingressando em 2009, na cidade de Ribeirão Preto/SP. Após concluir o curso, tive a certeza de que ainda não era o suficiente para me tornar um bom professor. Foi então que me inscrevi em dois cursos simultaneamente: um curso de Complementação Pedagógica em Química – licenciatura e, em paralelo, outro curso de pós-graduação em Ensino da Química.

Somente após a conclusão desses dois cursos, prestei a seleção para o doutorado em Ciências com ênfase em Química, no Departamento de Química da Faculdade de Filosofia, Ciências e Letras de Ribeirão Preto/USP. Eu, que sempre trabalhei com a educação e com a saúde, agora estava tendo a oportunidade de trazer toda a experiência vivenciada em sala de aula e conjugá-la com o conhecimento teórico. No entanto, em nosso dia a dia, vamos notando que a cada passo é importante: parar, refletir, observar aquilo que ainda falta e trazer para perto as possibilidades. Assim, fiz uma especialização em Formação Pedagógica para Graduados não Licenciados, no Centro Paula Souza CPS/SP, concluída em 2018.

A minha vivência como professor me levou a cursar uma capacitação/extensão em Altas Habilidades (AEE-AH/SD), ministrada pela Faculdade Novo Milênio e concluída em 2023. Esse curso me fez olhar de forma diferente para a educação inclusiva e possibilitou a resposta de algumas inquietações que surgiam durante as aulas do componente curricular de eletiva no ensino básico. Como inserir os alunos de inclusão de forma democrática no laboratório de ciências? Quais atividades propostas para o grupo tinham possibilidades reais de desenvolvimento e aprendizagem durante as aulas práticas de laboratório? Como alojar confortavelmente um aluno cadeirante para que ele pudesse realizar as atividades e transitar pelo ambiente sem grandes dificuldades?

Posto o desafio, fui em busca de respostas. Refiro-me ao desafio por todo o contexto em que eu me encontrava. Além disso, eu precisava buscar uma fundamentação teórica que fizesse sentido e trouxesse reflexão de por que ensinar os conteúdos de química, biologia e matemática a um grupo de alunos tão heterogêneos. A Teoria da Atividade, de Leontiev, vem sendo palco de estudo por muitos pesquisadores na área da educação, uma vez que os estudos sobre essa teoria mostram o desenvolvimento do indivíduo com as suas experiências humanas sintetizadas na cultura.

Então, a cada trimestre letivo do componente curricular de eletiva eu era apresentado para um grupo de alunos que, após a minha apresentação sobre o que estudar na eletiva do primeiro trimestre de 2024, escolhiam fazê-la por afinidade e curiosidade em ciências. Após as atividades apresentadas durante as aulas, os estudantes tinham que desenvolvê-las e estudar os conceitos da Química, da Biologia e da Matemática, no contexto de sala de aula do ensino médio. Nesse momento, muitos conceitos da área das ciências da natureza são revisitados e reelaborados visando a recontextualização dos conceitos para um contexto de sala de aula.

Assim, decidi escrever este livro movido pelo desejo de fazer a diferença e por acreditar piamente que a educação transforma o homem. A materialização deste livro representa para mim mais um desafio cumprido.

Desta forma, o presente livro é constituído por quatro capítulos e um anexo no formato de Cartilha (Cartilha de Ciências Elaborada a Partir da Vivência Durante as Aulas de Eletiva), apresentada no capítulo quatro desta obra. O primeiro capítulo "O que é necessário aprender? Será que eu consigo?", apresenta uma investigação relacionada ao contexto histórico-cultural. O segundo capítulo "A Teoria da Atividade de Leontiev", aborda questionamentos importantes e cabe a pergunta: como o ser humano aprende? Como ele se desenvolve? E para elucidar esses questionamentos, busquei estudar a fundamentação teórica baseada em Leontiev e na Teoria da Atividade. Já o terceiro capítulo, "A inclusão de alunos cadeirantes no espaço do laboratório de ciências" mostra a importância da inclusão para os alunos cadeirantes nas atividades desenvolvidas em laboratório de ciências. Por fim, o quarto capítulo: "Cartilha de ciências elaborada a partir da vivência durante as aulas de eletiva" traz uma cartilha como sugestão de atividades desenvolvidas durante as aulas de eletiva na área de ciências da natureza.

SUMÁRIO

CAPÍTULO 1

O QUE É NECESSÁRIO APRENDER? SERÁ QUE EU CONSIGO? 17

Introdução 17

Principais intenções na escrita desta obra 19

CAPÍTULO 2

A TEORIA DA ATIVIDADE DE LEONTIEV 23

CAPÍTULO 3

A INCLUSÃO DE ALUNOS CADEIRANTES NO ESPAÇO DO LABORATÓRIO DE CIÊNCIAS 29

Caminho percorrido 36

CAPÍTULO 4

CARTILHA DE CIÊNCIAS ELABORADA A PARTIR DA VIVÊNCIA DURANTE AS AULAS DE ELETIVA 41

A proposta para a culminância 88

Conclusões 88

REFERÊNCIAS 91

CAPÍTULO 1

O QUE É NECESSÁRIO APRENDER? SERÁ QUE EU CONSIGO?

Introdução

O Brasil ainda é marcado por graves contradições, desde os altos índices de pobreza, de baixa escolaridade e, principalmente, de exclusão social. Nesse contexto, os cursos de ensino médio vêm se apresentar como forma de proporcionar a democratização do acesso ao conhecimento, uma vez que, bem estruturados e com uma proposta curricular adequada para a realidade local e regional, podem contribuir ricamente com a formação de muitos adolescentes, jovens e adultos.

A educação de qualidade é uma busca constante pelas instituições de ensino público e privado. Para isso, são necessárias ações que promovam a inclusão, a harmonia, a democracia e o trabalho em equipe. Quando pensamos que muitos alunos da escola pública ainda têm dificuldade para obter os serviços de educação e de saúde básicos, nos deparamos com um grave problema. A falta de orientação sobre as diferentes doenças virais, bacterianas, fúngicas atrelada a baixa renda familiar e a falta de higiene podem causar danos irreversíveis para a saúde e até mesmo levar a morte.

Durante a minha trajetória como professor, pude perceber como é falha a informação sobre a saúde dos adolescentes, e como existe uma barreira desses estudantes principalmente com o ensino de química e de matemática. Para quebrar essa barreira, lancei um desafio de trabalhar esse conjunto de informações durante as aulas de eletiva, por meio de atividades práticas no laboratório de ciências da escola, tendo em vista que o laboratório de ciências é um espaço de grandes oportunidades do saber, o ambiente é equipado, possui diversas vidraria e reagentes, microscópios, equipamentos, TV e data show. Com o estudo sistematizado do aluno nos laboratórios, além do fortalecimento de seus conhecimentos científico e crítico, é desenvolvido a autonomia pedagógica e o protagonismo do aluno perante o seu aprendizado. Além de proporcionar nos estudantes a percepção das mudanças químicas e biológicas que ocorrem no meio.

Para o planejamento das aulas de eletiva eu pensei em unir conteúdos específicos de biologia, química e matemática para trabalhar com a informação sobre o mundo microbiológico e a prevenção contra as doenças causadas por vírus, bactérias e fungos; informar sobre a importância da vacinação contra o HPV, principalmente para os adolescentes; apontar o mundo científico dos compostos químicos e as suas novas tecnologias; e revisar sobre cálculos de matemática para encontrar o volume, o peso e a concentração para cada formulação. Posto o desafio, fui em busca de respostas.

A concepção de que para ser um professor de biologia, de química e de matemática basta o conhecimento de conteúdos específicos de uma determinada área e saber aplicar técnicas pedagógicas é um tanto limitada. A prática docente deve ser vista como algo complexo e dentro de um contexto que abrange práticas concorrentes. A aula do professor não pode ser compreendida ou analisada fora de uma perspectiva das influências de outras práticas, por exemplo: a direção da escola; as políticas de estado; os ditames dos materiais didáticos, entre outros.

Movido então pelo desejo de fazer a diferença e plantar uma semente, e por acreditar piamente que a educação transforma o homem, a materialização deste livro representa para mim mais um desafio cumprido e mais uma meta alcançada. Dessa forma, eu gostaria de deixar algumas perguntas para que você leitor possa pensar e refletir antes mesmo de "navegar" neste material. Para alguém cujo objeto é a formação, cabe a pergunta: como o ser humano aprende? Como ele se desenvolve?

A ação de ensinar diferencia o professor de outros profissionais. Para a formação de professores, congelar o objeto-formação não seria um bom método, tendo em vista que as qualidades dos sujeitos se refletem em movimento e se alteram ao partilharem significados e ações educativas. Para elucidar esses questionamentos, a fundamentação apoiou-se na Teoria da Atividade de Leontiev. Assim, a questão central é elaborar um produto educacional e inclusivo na forma de cartilha, com propostas de ensino na área de ciências da natureza vivenciadas durante as aulas de eletiva. Espero que você possa aproveitar este material da melhor forma e compartilhar com os seus colegas, alunos e professores.

Principais intenções na escrita desta obra

- Elaborar um produto educacional e inclusivo na forma de cartilha, com propostas de ensino na área de ciências da natureza vivenciadas durante as aulas de eletiva.

- Estudar sobre as boas práticas de laboratório de química atrelada aos conceitos científicos dos microrganismos e a prevenção contra as doenças.

- Desenvolver atividades que proporcionem situações de aprendizagem e inclusão dos alunos ao utilizar os recursos disponíveis durante as aulas expositivas e experimentais.

- Produzir uma cartilha digital com os recursos propostos para o aprendizado específico com base no Currículo Capixaba para o Ensino Médio na área das ciências da natureza.

Conceitos químicos, biológicos e matemáticos, como a identificação de funções orgânicas, a microbiologia e os cálculos de regra de três, foram revistos nas discussões com os professores em exercício na escola e com o setor pedagógico considerando a experiência dos sujeitos presentes. A partir da troca de experiências entre os alunos e o professor é possível responder inquietações como: qual profundidade e abrangência devem ser consideradas no ensino médio? Como ensinar determinado conceito em uma linguagem simplificada e didática? Qual metodologia seria mais adequada para o ensino médio considerando as condições objetivas da escola? Onde e como encaixar o material didático e os experimentos em laboratório para os alunos cadeirantes que necessitam de condições adequadas para estudar?

Para responder essas indagações fui buscar a referência na pesquisa de Leontiev (1978, p. 264), que diz "O homem não está evidentemente subtraído ao campo da ação das leis biológicas. O que é verdade é que as modificações biológicas hereditárias não determinam o desenvolvimento sócio-histórico do homem e da humanidade".

As relações entre o sujeito e o objeto, entre estímulo e resposta, estão mediadas pela atividade e dependem das condições, dos objetivos e dos meios. A primeira condição de toda atividade é uma necessidade. A atividade humana tem como característica principal seu caráter, que deve ser entendido em forma relacional a um objeto que, seja real ou realizável, tornando-se motor da ação de um sujeito, por exemplo, se o indivíduo está com sede e a necessidade é saciar a sede, ele só poderá entrar em atividade se o objeto água estiver disponível.

Trazendo a teoria desses conceitos para essa prática educativa, devemos lembrar que toda atividade se desenvolve a partir de uma necessidade. O objeto é o conteúdo da atividade e diferencia uma atividade da outra. Assim a necessidade, a atividade e o motivo têm que andar juntos, e a atividade somente se realiza quando esses três componentes se unem. Sabemos que o motivo nasce da necessidade e o objeto direciona a atividade. É a participação na atividade que possibilita um ensino significativo. Desse modo, a Teoria da Atividade nos faz refletir sobre a intencionalidade do processo educativo.

Ao indicar uma necessidade (apropriação da cultura), um motivo real (apropriação do conhecimento historicamente acumulado) e objetivos (ensinar e aprender), a atividade orientadora de ensino (Moura, 1996) mantém essa estrutura da atividade proposta por Leontiev. Dessa forma, compreendo que o estudante e o professor podem transformar o seu motivo em objetivo e realizarem a atividade desde que ambos, professor e aluno, e principalmente o discente, conheçam a real necessidade de realizarem todas as atividades propostas durante as aulas de eletiva.

Trazendo essa visão para o que presenciamos nos processos de aprendizagem, atualmente podemos dizer que muito do ensino contemporâneo se limita em uma educação reprodutiva e não transformadora do ser. Essa prática nos foi ensinada de geração em geração, e por muitos autores foi considerada "educação tradicional". E como mudá-la? É importante trabalhar com os alunos a questão da necessidade de cada episódio e aula, a importância das atividades desenvolvidas no laboratório, a linguagem usada pelo grupo de alunos do ensino médio que permite que eles possam estruturar e reestruturar suas ideias, o pensamento, a fala e o aprendizado, e criar possibilidades para entender os conceitos químicos, biológicos e matemáticos durante as aulas de eletiva.

CAPÍTULO 2

A TEORIA DA ATIVIDADE DE LEONTIEV

Leontiev (1978) se propôs a estudar como a estrutura da consciência do homem se transforma de forma interdependente com a estrutura da atividade que desenvolve.

É conhecido o exemplo da caçada que Leontiev usa para ilustrar o conceito de atividade. Imagine que os homens primitivos tivessem fome; a necessidade, então, seria saciar a fome. A partir do momento que o objeto *mamute* se torna disponível, é possível entrar em atividade, ou seja, torna-se possível articular ações, objetivos e operações em razão de saciar o problema coletivo que é a fome.

Observamos que o motivo é o que impulsiona uma atividade, pois articula uma necessidade a um objeto. Necessidade, objeto e motivo são componentes estruturais da atividade. Esta não pode existir senão pelas ações. No caso da caçada, os homens no grupo terão diferentes funções e ações, de acordo com suas habilidades e preferências. Porém, todas as ações estão vinculadas à necessidade mobilizadora (saciar a fome). As ações apresentam, além do aspecto intencional, o aspecto operacional, isto é, a forma como se realizam as operações. Poderíamos dizer que a atividade é constituída a partir de um motivo desencadeador das ações concretizadas por meio de operações, que dependerão das condições objetivas oferecidas pelo ambiente no qual a atividade se realiza.

Segundo Leontiev (1978; 1983) a necessidade se materializa no objeto, tornando-o o motivo da atividade, ele se dá na atividade de aprendizagem. Porém, podemos definir como ação todo a situação em que o motivo, aquele que move o sujeito, não coincide com o objeto e o conteúdo. Já a atividade, é quando o motivo e o objeto precisam coincidir com um conjunto de ações articuladas com um objetivo comum. Porém, estudar as ações separadamente das atividades não é uma boa alternativa, uma vez que as ações podem transformar-se em atividades e estas em ações. Essas operações quando bem definidas resultam em um produto.

A Teoria da Atividade surgiu em um contexto social, político e ideológico que lutava pela construção do socialismo, existindo uma necessidade de superação do capitalismo. Essa teoria mostra que o indivíduo será mais desenvolvido psicologicamente quando for capaz de conduzir de forma racional e livre seus processos psicológicos por meio da incorporação da sua atividade mental a partir da experiência humana sintetizada na cultura. Assim, ela pode ser considerada como um desdobramento do esforço para a construção de uma psicologia sócio-histórico-cultural fundamentada na filosofia marxista. Foi por meio de estudos no campo da psicologia que Leontiev criou a Teoria da Atividade junto de Vygotsky.

Leontiev (1978) se propôs a estudar como a estrutura da consciência do homem se transforma de forma interdependente com a estrutura da atividade que desenvolve. Entretanto, para produzir um instrumento verdadeiramente eficaz, os seres humanos realizam várias tentativas de modificação do pensamento, por meio da revisão das suas ideias e da ação modificadora da realidade. Aqui eu faço um paralelo com as aulas da eletiva e a importância do planejamento de todas as atividades que foram aplicadas durante o processo de ensino em ciências da natureza e a importância dos diálogos como forma de revisar os conceitos sobre química, biologia e matemática.

Podemos também pensar em uma criança e no seu processo de desenvolvimento: é importante que a criança tenha contato com seres mais desenvolvidos do que ela para que ela possa se apropriar da linguagem e do seu desenvolvimento.

De acordo com Sforni (2004), em seus estudos sobre a Teoria da Atividade, o desenvolvimento psíquico da criança é desencadeado quando esta passa a participar de uma atividade coletiva que lhe traz novas necessidades e exige dela novos modos de ação, indicando que:

> Pode-se inferir que o desenvolvimento psíquico da criança não é necessariamente desencadeado quando ela é formalmente ensinada ou fica estanque quando não é ensinada por um indivíduo em particular, mas quando passa a participar de uma atividade coletiva que lhe traz novas necessidades e exige dela novos modos de ação. É a sua inserção nessa atividade que abre a possibilidade de ocorrer um ensino realmente significativo. (Sforni, 2004, p. 95).

É a participação na atividade que possibilita um ensino significativo. Desse modo, a Teoria da Atividade nos faz refletir sobre a intencionalidade do processo educativo.

Leontiev (1978; 1983) definiu o conceito de atividade e como esse pode fundamentar a organização do ensino. Por meio dos processos de formação das funções psíquicas superiores pela relação mediada do sujeito com os objetos, abordaremos a atividade de ensino como um modo de realização da educação escolar. O processo educativo escolar deve ser constituído por atividades para o aluno e professor, sendo a atividade do aluno é de aprender e a do professor é de ensinar (Leontiev, 1978; 1983). Para o autor o estudante e o professor podem transformar o seu motivo em objetivo e realizarem a atividade.

Podemos trazer esse conceito de atividade proposto por Leontiev para dentro do contexto e do ambiente em que a criança vive. O desenvolvimento na escola e a educação escolar podem ser considerados o melhor método de aprendizado para o sucesso. A escola é uma via importante pela qual a criança experimenta um conjunto de vivencias distintas do contexto do cotidiano, e que possibilita se apropriar do conhecimento científico. Os processos de adaptação e resistência são importantes, mas não podem ser princípios da educação. Leontiev (1978) descarta as concepções biológicas que explicavam todas as diferenças culturas, econômicas e educacionais, fundamentadas no processo de hereditariedade.

É importante que haja a participação de alguém, de um instrumento ou uma música no processo de aprendizagem da criança. Assim, pode-se relacionar um saber que já se faz presente em algo, dando atenção a uma aprendizagem preexistente. Nesse processo de aprendizagem, as crianças devem participar de atividades em grupos por meio de uma boa relação com os colegas e com o professor. A criança em contato com o adulto aprenderá a falar, a identificar, a gesticular, a andar, enfim, aprenderá com a presença de um facilitador que promove o aprendizado. Uma criança que cresça com pouca ou nenhuma interação com seus pais pode enfrentar dificuldades no desenvolvimento da fala e da escrita, devido à falta de estímulo e interação familiar essenciais nesse processo.

Assim, fica claro a importância da atividade e da linguagem do professor do componente da eletiva para possibilitar organizar e reorganizar o pensamento, a fala, e o aprendizado dos alunos criando as possibilidades para a reelaboração de conceitos em química, em biologia e em matemática. "A ciência é uma linguagem para facilitar nossa leitura do mundo natural" (Chassot, 1993, p. 37) e sabê-la como descrição do mundo natural ajuda a entendermos a nós mesmos e o ambiente que nos cerca.

Sempre parece oportuno ter presente as afirmações de Granger (1994, p. 113):

> A ciência é uma das mais extraordinárias criações do homem, que lhe confere, ao mesmo tempo, poderes e satisfação intelectual, até pela estética que suas explicações lhe proporcionam. No entanto, ela não é lugar de certezas absolutas e [...] nossos conhecimentos científicos são necessariamente parciais e relativos.

A linguagem promove a educação por meio da leitura, sendo um processo de transformação e transmissão da cultura de uma geração a partir do contato com outros indivíduos (Leontiev, 1988). Porém, a escola é a instituição criada para desenvolver o conhecimento do homem mediante os processos apropriados, assim, a escola pode ensinar para o desenvolvimento. Segundo Leontiev, a prática é conceitual, quando a criança domina o conceito e aprende a agir conceitualmente. Leontiev afirma que o desenvolvimento do homem se produz especificamente sobre a forma de apropriação, portanto o desenvolvimento se dá com a atividade. É pela atividade que o homem se humaniza, e pela educação escolarizada se desenvolve. Para o homem, a origem das atividades psíquicas situa-se no processo de interiorização da atividade externa transformando-se em atividade interna.

A passagem do externo para o interno dá lugar a uma forma específica de reflexo psíquico da realidade: a consciência. Leontiev (1983) define a consciência como conhecimento partilhado, como uma realização social. A consciência individual só pode existir a partir de uma consciência social que tem na língua seu substrato real. Para a psicologia soviética, as categorias consciência e atividade formam uma unidade dialética. Assim, Leontiev (1978) em seu livro *Atividade, consciência e personalidade* descreve a consciência:

> O estudo da consciência requer estudar as relações vitais dos homens, as formas como estes produziram e produzem sua existência por meio de suas atividades, ou seja, requer estudar como a estrutura da consciência do homem se transforma com a estrutura da sua atividade. (Leontiev, 1978, p. 92).

> A consciência é o produto subjetivo da atividade dos homens com os outros homens e com os objetos; assim, a atividade constitui a substância da consciência, e para estudá-la é necessário investigar as particularidades da atividade, ou seja, consiste, portanto, em encontrar a estrutura da atividade humana engendrada por condições históricas concretas, depois, a partir desta estrutura, pôr em evidência as particularidades psicológicas da estrutura da consciência dos homens. (Leontiev, 1978, p. 100).

Segundo Leontiev, o conceito de atividade envolve "aqueles processos que, realizando as relações do homem com o mundo, satisfazem uma necessidade especial correspondente a ele" (Leontiev, 2001, p. 68). A tradução para o alemão de atividade é *tagitkeit* e para o russo é *deyatel'nost*, sendo entendido segundo Tolman (1988) como:

> Um conceito que conota a função do indivíduo em sua interação com o que o cerca. A Atividade psíquica é uma relação específica de um corpo vivo com o ambiente, media, regula, e controla as relações entre o organismo e o ambiente. A atividade psíquica é impelida por uma necessidade [...]. (Tolman, 1988, p. 16).

Entender o percurso do desenvolvimento humano ao longo da história cultural pela compreensão das relações entre os processos cognitivos e os instrumentos semióticos criados pelos homens leva frequentemente a tentativa de identificar tipos diferentes de organização conceitual relacionados com a interação das pessoas com artefatos culturais diferentes, mediante a comparação, por exemplo, de pessoas alfabetizadas e analfabetas.

A organização conceitual, muito mais que uma teoria completa e estável, parece ser, portanto, um conjunto flexível de significados, aberto a uma reestruturação constante com base em situações interpessoais que promovem reflexão. As noções de transformação, de densa interação intelectual e de promoção de verdadeira reflexão tornar-se-iam essenciais para a compreensão do funcionamento cognitivo humano, tornando-o mais próximo do desenvolvimento cognitivo.

CAPÍTULO 3

A INCLUSÃO DE ALUNOS CADEIRANTES NO ESPAÇO DO LABORATÓRIO DE CIÊNCIAS

A inclusão de alunos cadeirantes no espaço do laboratório de ciências é um tema de extrema importância na educação contemporânea, especialmente em um contexto que busca garantir a equidade e o acesso ao conhecimento para todos os estudantes. O laboratório de ciências, como espaço de aprendizado prático, desempenha um papel fundamental na formação integral dos alunos, permitindo que desenvolvam habilidades científicas, experimentais e sociais. No entanto, é crucial que esse ambiente seja acessível a todos, independentemente de suas limitações físicas. Este capítulo abordará os desafios da inclusão, trazendo sugestões de práticas inclusivas e metodologias que favoreçam a participação dos alunos no laboratório de ciências, durante as aulas de eletiva.

Os desafios enfrentados por alunos cadeirantes no laboratório de ciências são variados e complexos. Em primeiro lugar, as questões de acessibilidade física muitas vezes limitam a mobilidade dos alunos, tornando difícil ou até impossível a participação plena nas atividades. A configuração do espaço, incluindo mesas, equipamentos e acessos, deve ser reconsiderada para garantir que todos os alunos possam se movimentar livremente e participar das práticas laboratoriais. Além disso, as barreiras atitudinais, que incluem preconceitos e a falta de formação específica dos professores, podem dificultar a inclusão. É essencial que educadores e alunos estejam cientes das capacidades e potencialidades dos alunos cadeirantes, promovendo um ambiente acolhedor e respeitoso.

Para superar esses desafios, é fundamental adotar práticas inclusivas no laboratório de ciências. Uma abordagem eficaz envolve adaptações físicas, como a instalação de mesas ajustáveis, que permitam que alunos em cadeiras de rodas tenham acesso aos equipamentos e aos materiais de forma independente. O uso de ferramentas adaptadas e materiais didáticos que atendam às necessidades de todos os alunos é igualmente importante. Além disso, promover atividades colaborativas, nas quais alunos com e sem deficiência possam trabalhar juntos, enriquece o aprendizado e fortalece o espírito de equipe. Essa interação social é essencial para o desenvolvimento de habilidades socioemocionais e para a construção de uma cultura de inclusão.

As metodologias de ensino também desempenham um papel crucial na inclusão de alunos cadeirantes no laboratório de ciências. Abordagens como a Aprendizagem Baseada em Projetos (ABP) permitem que os alunos explorem temas relevantes de maneira interdisciplinar, considerando as diferentes habilidades e estilos de aprendizagem. O uso de tecnologias educacionais, como recursos audiovisuais e plataformas digitais, pode facilitar a acessibilidade e engajamento dos alunos. Além disso, a educação diferenciada, que reconhece e atende às diversas necessidades dos alunos, é uma estratégia valiosa para garantir que todos tenham a oportunidade de participar ativamente das atividades.

Para que essas práticas inclusivas sejam implementadas com sucesso, é fundamental que os educadores recebam formação continuada em relação à inclusão. Essa formação deve abranger não apenas a legislação e as políticas públicas que garantem os direitos dos alunos com deficiência, mas também estratégias práticas para a adaptação de atividades e recursos. A sensibilização dos professores sobre a importância da inclusão e a capacitação em metodologias específicas podem fazer a diferença na experiência educativa dos alunos cadeirantes.

Na perspectiva de se efetivar a educação inclusiva, e poder atuar também com alunos que apresentem necessidades especiais, todos os futuros professores da educação básica devem desenvolver competências durante a sua formação acadêmica, tanto na graduação quanto na licenciatura.

Segundo Brasil (1999):

> A Educação Básica deve ser inclusiva, no sentido de atender a uma política de integração dos alunos com necessidades educacionais especiais nas classes comuns dos sistemas de ensino. Isso exige que a formação dos professores das diferentes etapas da Educação Básica inclua conhecimentos relativos à educação desses alunos.

Muitas instituições de ensino superior não se estruturaram no sentido de oferecer disciplinas e conteúdos relativos ao tema para os professores nos seus cursos de licenciatura, apesar das portarias e resoluções vigentes sobre a inclusão. Isso dificulta o desenvolvimento, os conhecimentos, as habilidades e atitudes relativas ao processo de atendimento à diversidade durante a formação de professores.

Alguns passos importantes vêm sendo dados para a comunicação e expressão de natureza visual-motora para incluir os alunos com necessidades especiais na escola. A Língua Brasileira de Sinais (Libras) foi reconhecida por meio do sancionamento da Lei n.º 10.436, de 24 de abril de 2002, como um meio legal de comunicação e proporcionou uma restruturação gramatical própria e o uso de comunicação própria para as pessoas surdas. Passou a ser obrigatória nos cursos de formação de Educação Especial, de Fonoaudiologia, de Pedagogia e demais licenciaturas.

Sabemos também que as dificuldades para o processo de inclusão educacional não envolvem apenas a formação de professores para o ensino de libras. A escola deve estar preparada fisicamente para receber um aluno que tenha outra limitação, como os cadeirantes. Nesse aspecto, é importante que os professores trabalhem a questão da aceitação por parte dos demais alunos. É necessário admitir o acesso de todos às escolas e garantir o prosseguimento da escolaridade. Os alunos devem estar voltados para o princípio democrático da educação para todos, e este se evidencia nos sistemas educacionais que se especializam e trabalham a inclusão de forma respeitosa e profissional.

O grande alvo dos tempos atuais é a escola aberta a todos. Esse é considerado o grande problema da educação por muitos especialistas. Segundo Mantoan (1999; 2001; 2002) para mudar a escola são necessárias muitas frentes de trabalho e tarefas fundamentais, como:

- recriar o modelo educativo escolar, tendo como eixo o ensino para todos;

- reorganizar pedagogicamente as escolas;

- garantir aos alunos tempo e liberdade para aprender e um ensino que não segrega e reprova a repetência;

- abrir espaços para a cooperação, o diálogo, a solidariedade, a criatividade e o espírito crítico nas escolas, por professores, administradores, funcionários e alunos;

- trabalhar o exercício da verdadeira cidadania; e, principalmente,

- formar, aprimorar continuamente e valorizar o professor para que tenha condições e estímulo para ensinar a turma toda, sem exclusões.

Os processos de formação dos professores podem influenciar nas mudanças do desenvolvimento escolar dos alunos com necessidades especiais. O docente deve lembrar que cada aluno tem o seu tempo e ritmo de aprendizagem. Nesse sentido, é necessário que os espaços educativos de trabalho escolar sejam revisitados e adequados as condições adversas para o ensino.

Desse modo, conhecer a visão de aluno cadeirante que frequentou as aulas de eletiva foi importante para sugerir melhorias durante as atividades práticas. Quero registrar dois pontos que eu pude observar durante as aulas práticas de laboratório. O primeiro foi a mesa de apoio que é destinada ao aluno cadeirante, ela possui uma base que é inclinada, isso dificultou que as vidrarias e os reagentes ficassem fixos na mesa. Dessa forma, os colegas precisavam segurar o material para que o aluno cadeirante pudesse "manipulá-los".

O segundo ponto que pude verificar é que todas as seis bancadas presentes no laboratório de ciências agrupavam em torno de seis a oito alunos por bancada. Estas são altas, e as banquetas também. Isso impossibilitava a integração do aluno cadeirante com os demais alunos que formavam os grupos nas bancadas. A sugestão foi elaborar um tablado de madeira, com a altura adequada, para que o aluno cadeirante pudesse acomodar a sua cadeira em cima do tablado e assim poder "manipular" os experimentos juntos dos demais colegas presentes na bancada.

Em mais de 20 anos de sala de aula foi a primeira vez que eu tive a oportunidade de trabalhar com o aluno de inclusão (cadeirante) nas aulas práticas de laboratório de ciências. Foi gratificante e desafiador. O espaço precisou de ser adaptado para receber esse aluno. Ouve muita interação entre o grupo e com o professor.

Dessa forma, o processo de socialização é uma necessidade do ser humano, porém, o acolher e a interação com a "minoria", ou o "diferente", pode não se revelar tão harmoniosamente. De acordo com a Declaração dos Direitos Humanos de 1948-1998 "Todos os seres humanos nascem livres e iguais em dignidade e direitos. São dotados de razão e consciência e devem agir em relação uns aos outros com espírito de fraternidade" (ASSEMBLEIA GERAL DA ONU, 1948, n.p.). De forma ampla, deveriam ser aplicados a todos os indivíduos sem distinção de cor, raça, sexo, política, língua, religião ou deficiências e acima de tudo de qualquer diferença e condição social.

Para atender as necessidades que se desenvolvem em nossa sociedade, são estabelecidas políticas públicas, isto é, um conjunto de ações e decisões do governo, voltadas para a solução (ou não) de problemas da sociedade. Existe uma grande discussão em torno das políticas sociais que trabalham no sentido de uma sociedade mais igualitária sem exclusão. A elaboração e a forma como as políticas públicas são aplicadas em grupos pode conduzir a sérios problemas sociais e educacionais. Portanto, na busca pela qualidade e integridade dos estudos adequados as crianças, aos adolescentes, aos jovens e aos adultos deve-se propor um ensino adequado que inclua todos os alunos com suas diferenças físicas, intelectuais e sociais.

A imagem abaixo mostra um ambiente de laboratório de química onde estudantes estão participando de uma aula prática. No centro, um aluno cadeirante está usando um jaleco branco, óculos de proteção e luvas, manuseando cuidadosamente frascos de reagentes químicos em uma bancada adaptada, com altura ajustável para facilitar o acesso. Outros alunos, também com jalecos e equipamentos de proteção individual, estão ao redor, realizando suas próprias atividades. A sala está equipada com armários de laboratório, instrumentos científicos, e uma lousa com fórmulas químicas. O ambiente transmite uma atmosfera de inclusão, acessibilidade e colaboração, com foco na participação de todos os alunos em atividades científicas na escola, com o auxílio do professor.

Figura 1 - Inclusão e acessibilidade no laboratório de química: participação ativa de aluno cadeirante em aula prática

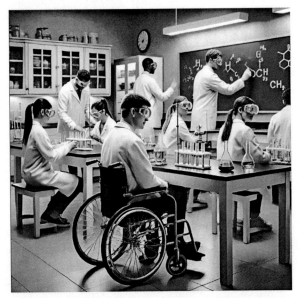

Fonte: plataforma Microsoft Copilot Pro, 2025

A Participação Ativa de Aluno Cadeirante em Aula Prática destaca a importância de um ambiente educacional acessível, especialmente no contexto das ciências experimentais. A imagem retrata um cenário de aprendizagem inclusiva, onde um aluno cadeirante participa plenamente de uma aula de química no laboratório. Com o uso de bancadas ajustáveis e o apoio de equipamentos de segurança, como jalecos, óculos de proteção e luvas, o laboratório está adaptado para garantir a segurança e o conforto de todos os alunos, independentemente de suas limitações físicas.

O conceito de inclusão educacional vai além de simplesmente permitir o acesso ao ambiente; ele envolve a criação de condições adequadas para que todos os estudantes possam participar ativamente e de maneira igualitária. Nesse contexto, a figura ilustra como as barreiras físicas podem ser superadas por meio de adaptações no espaço de ensino, proporcionando uma experiência de aprendizado prática e colaborativa para todos os alunos.

A participação ativa de alunos com deficiência em atividades de laboratório enriquece o ambiente acadêmico, promovendo a diversidade e permitindo que os estudantes desenvolvam habilidades científicas de maneira prática e envolvente. Esse tipo de abordagem reflete um avanço significativo nas práticas educacionais, focando no aprendizado inclusivo, onde cada aluno, com suas singularidades, pode explorar, criar e aprender com autonomia e dignidade.

A imagem também sugere a importância do planejamento pedagógico e da preparação dos espaços escolares para atender a uma variedade de necessidades. Ao permitir que alunos com deficiência física participem de atividades práticas de maneira plena, a educação se torna mais equitativa, reforçando valores de respeito, igualdade e cooperação. Isso também prepara melhor os futuros profissionais para trabalharem em equipes diversas e valorizarem a inclusão no campo das ciências e em outros contextos profissionais.

Caminho percorrido

A metodologia adotada foi de abordagem qualitativa, enfatizando a importância da participação dos sujeitos (os alunos e o professor) em relação ao objeto de estudo (a promoção da acessibilidade nas atividades laboratoriais) em um espaço interativo (laboratório escola). Para garantir uma análise eficaz nesse tipo de pesquisa, é fundamental destacar fatores como a compreensão e a internalização dos termos que sustentam a investigação.

A pesquisa qualitativa é composta por um conjunto de substantivos cujos sentidos se complementam: experiência, vivência, senso comum e ação, que permita conhecer os termos estruturantes dessa análise. A compreensão é o sentido da experiência: o ser humano compreende a si mesmo e ao seu significado no mundo da vida, utilizando a expressão da linguagem. Isso porque esses significados estão constituídos da experiência humana. Quando levamos em conta a singularidade e a subjetividade de cada ser, devemos criar situações para que possamos exercitar o entendimento e assim, compreender cada indivíduo.

A contextualização das atividades deve ser conduzida visando demonstrar um fenômeno, ilustrar um princípio teórico, discutir dados, e adquirir familiaridade com os diferentes termos em ciências, química, biologia, matemática e suas inovações. O professor deve destacar a importância de se valorizar as situações-problema, a realização de atividades práticas, bem como o trabalho em grupos cooperativos e a interação entre os grupos. Assim, a prática experimental tem por objetivo propiciar aos estudantes situações de investigação e pensamento científico contextualizado, o que faz do processo de ensino e aprendizagem um momento rico e participativo.

Quando iniciou o ano letivo de 2024, eu fui contemplado com as aulas de eletiva. No mês de fevereiro elaborei o planejamento da eletiva. A escolha do tema a ser trabalhado e os conteúdos que seriam desenvolvidos com os alunos foram importantes, eu pude selecionar os conteúdos específicos de ensino de biologia, de ensino de química e matemática. Em biologia a abordagem foi a microbiologia, os vírus, as bactérias, os fungos, os cuidados com a saúde e a importância da vacinação contra o HPV na adolescência. Na química as boas práticas de laboratório, as vidrarias e as suas utilidades, os compostos químicos e as suas funções, os elementos químicos e as suas propriedades. Em matemática a abordagem foi com os decimais, a porcentagem, as concentrações e regra de três, de maneira que os alunos e o professor pudessem revisar esses conceitos da matemática no momento das atividades práticas de laboratório para que os alunos pudessem compreender o processo de pesagem, medida de volume e a concentração dos compostos que foram utilizados durante as aulas práticas.

Foi elaborado um plano de ensino da eletiva e encaminhado para o setor pedagógico da escola ao iniciar o primeiro trimestre do ano letivo de 2024, juntamente do pedido da lista de materiais necessários para o seu desenvolvimento. E assim, eu pude apresentar essa proposta para a comunidade escolar. Os alunos puderam então escolher e se inscrever naquela eletiva de interesse. A inscrição dos alunos aconteceu no final do mês de fevereiro de 2024, porém aqui no estado do Espírito Santo as aulas do ensino médio são divididas em trimestres, o que possibilita ao professor poder trabalhar esse conteúdo nas eletivas do segundo e do terceiro trimestre, uma vez que a cada trimestre abre uma nova inscrição para a eletiva e a mesma pode contemplar os alunos dos primeiros, segundos e terceiros anos do ensino médio.

No 1º trimestre foram inscritos 42 alunos na eletiva, incluindo um aluno cadeirante. Todos os alunos estavam devidamente matriculados nas primeiras, segundas ou terceiras series do ensino médio regular, no período matutino da escola. O acompanhamento e registro da realização das aulas expositivas e práticas encontram-se no plano de ensino enviado para o setor pedagógico da escola, bem como o conteúdo e o procedimento didático do dia/semana. O material produzido/selecionado para dar suporte às atividades, como slides, experimentos, fórmulas, reagentes, entre outros, foram analisados e aprovados.

Tabela 1 – Roteiro das atividades teóricas e práticas desenvolvidos na eletiva no primeiro trimestre do ano letivo de 2024

Atividades / período 2024	1ºtri fev.	1ºtri mar.	1ºtri abr.	1º tri maio
Planejamento e inscrição dos alunos nas Eletivas	x			
Aula expositiva e prática sobre Boas Práticas de Laboratório	x			
Aula expositiva e prática sobre Equipamentos, vidrarias e reagentes	x			
Aula expositiva sobre Microorganismos	x			
Aula expositiva sobre Doenças causadas por Microorganismos e a sua prevenção		x		
Aula prática sabonete em barra		x		
Aula prática sabonete líquido antisséptico		x		
Leitura do artigo sobre acne na adolescência e exercícios		x		
Aula prática álcool em gel			x	
Aula expositiva sobre ISTs e a importância da vacinação contra HPV			x	
Aula prática do xampu antifúngico			x	
Criação e divulgação na rede social	x	x	x	x
Elaboração do material didático no formato de livro e cartilha				x
Avaliação Observação direta	x	x	x	x
Feedback dos alunos e envio da ficha para a coordenação	x	x	x	x
Culminância e apresentação final para a comunidade escolar				x

Fonte: o autor (2024)

Para as estratégias metodológicas, as aulas foram baseadas na compreensão dos fundamentos e dos processos científicos e tecnológicos, relacionando a teoria com a prática por meio de aula expositiva; imagens; leitura de artigos; exercícios; aprendizagem baseada em problemas; e nas aulas experimentais.

Os recursos didáticos necessários foram: plano de ensino e plano de aula; relatório/roteiro das atividades práticas; retroprojetor; pincel; vídeos; laboratório de ciências; laboratório de informática; estufa; microscópio; laminas e lamínulas; chapa aquecedora; vidro âmbar; provetas; pipetas; pera; bastão de vidro; béquer; funil; grau e pistilo; propileno glicol, etanol, água destilada, corante de água; etiquetas; frasco com borrifador; lauril éter sulfato de sódio; dietanolamina de ácido graxo de côco; trietanolamina de ácido graxo de côco; base perolada para xampu; edta; cloreto de sódio; extrato/vinagre de maça; base perolada para sabonete líquido; enxofre; glicerina sólida, molde para sabonete em barra; papel celofane; fita; balança semianalítica ou balança analítica; papel vegetal; essências; espátula ou bastão de plástico; ácido cítrico; gel carbopol; neutralizante siliconado; embalagem para gel 100 g; embalagem para sabonete líquido 100 ml; embalagem para xampu 100 ml; álcool de cereais; embalagem para álcool em gel; recipiente para banho-maria; fita de pH; cartolina, cola de papel; e mesa e cadeira adaptadas para a inclusão do aluno cadeirante nas aulas práticas do laboratório.

CAPÍTULO 4

CARTILHA DE CIÊNCIAS ELABORADA A PARTIR DA VIVÊNCIA DURANTE AS AULAS DE ELETIVA

As ciências da natureza desempenham um papel crucial na formação dos estudantes, promovendo a compreensão do mundo que os cerca. Este capítulo apresenta uma cartilha com atividades práticas e lúdicas que visam enriquecer o ensino dessas disciplinas, despertando o interesse e a curiosidade dos alunos. A proposta de elaboração dessa cartilha surge da necessidade de metodologias que integrem teoria e prática, favorecendo a construção do conhecimento de maneira significativa.

Por meio de experiências diversificadas, os estudantes terão a oportunidade de explorar conceitos fundamentais da biologia, física e química, relacionando-os ao cotidiano. As atividades propostas foram desenvolvidas com foco na inclusão e na acessibilidade, considerando as diferentes realidades e contextos dos educandos. Além disso, enfatiza-se a importância do trabalho colaborativo, no qual o aprendizado se dá por meio da interação e do compartilhamento de ideias.

Ao longo deste capítulo, serão apresentadas as diretrizes para a implementação das atividades, acompanhadas de orientações para os educadores. Espera-se que a cartilha sirva como uma ferramenta valiosa, contribuindo para o aprimoramento do ensino de ciências da natureza e estimulando a formação de cidadãos críticos e conscientes em relação ao meio ambiente.

A Figura 2 é um recorte de várias atividades de aprendizagem que foram desenvolvidas durante as aulas da eletiva e que estão apresentadas na cartilha, contempladas entre a letra A e J. Essas atividades foram a inspiração para a organização e a elaboração da produção denominada **"Cartilha de Ciências elaborada a partir da vivência durante as aulas de eletiva"**, que é apresentada detalhadamente nas fotos neste capítulo.

Figura 2 – Atividades de aprendizagem produzidas durante as aulas expositivas e experimentais da eletiva

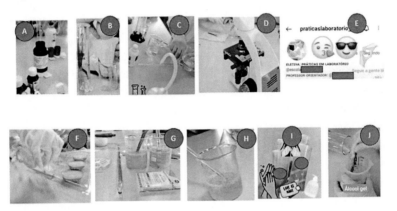

Fonte: o autor (2024)

A figura representada pela letra A traz alguns reagentes que foram usados para a elaboração das atividades experimentais durante as eletivas. A figura B e C mostram algumas vidrarias e reagentes utilizadas durante as atividades de aprendizagem 3, 5 e 8 descritas e apresentadas no produto na forma de manual educacional de ensino.

A figura D traz a imagem de um microscópio ótico que foi usado durante as aulas de eletiva para o reconhecimento de estruturas celulares animais e vegetais. Segundo os relados dos estudantes, esse foi o primeiro contato e domínio com o equipamento. A aula de microscopia nas eletivas seguiu o roteiro de atividade de aprendizagem 2, 3 e 4 do manual educacional.

A figura E mostra a criação e a divulgação das atividades de aprendizagem desenvolvidas nas aulas de eletiva e divulgadas na rede social do Instagram da referida eletiva. Essa foi uma iniciativa dos alunos com o professor, as fotos e os procedimentos didáticos são publicados pelos alunos nos *stories*. A iniciativa provocou ainda mais o interesse nas aulas, à medida que os demais alunos foram tendo contato com as fotos e vídeos produzidos durante as aulas e compartilhados no Instagram. A ideia é provocar e despertar o interesse dos estudantes no estudo com as ciências. Os contatos, o endereço da escola e o nome do professor orientador foram cobertos respeitando as informações do edital.

Os sabonetes em barras (processo de enformar) produzidos pelos alunos estão na figura F. Essa atividade de aprendizagem contempla os números 5 e 9 do manual. Já as práticas com a produção da base para sabonete líquido e as práticas de sabonete líquido de enxofre estão demonstradas nas figuras G, H e I. Sendo que na figura I podemos observar a finalização do sabonete líquido após o processo de controle de qualidade (pH), suas devidas correções e o envase final com o rótulo também produzidos pelos estudantes. Os rótulos foram cobertos, pois trazem o brasão da escola.

Na figura J podemos observar a incorporação do álcool no gel base de carbopol. A produção da base do gel de carbopol e a produção de álcool em gel estão relacionadas com as atividades de aprendizagem 8 e 9 do manual educacional produzido com a vivência durante as aulas da eletiva. É importante ressaltar que todas as atividades de aprendizagem trazidas no manual foram aplicadas em sala de aula, no laboratório de ciências, nas dependências da escola (pátio e corredores de acesso) durante as aulas de eletivas.

Esse manual poderá contribuir com outros professores que tiverem interesse na área de ensino de ciências da natureza, e poderá ser acessado na ordem das atividades de aprendizado do manual ou como o professor achar mais conveniente. Apresento o índice da **Cartilha de Ciências elaborada a partir da vivência durante as aulas de eletiva** na figura a seguir e, na sequência, a versão completa.

Figura 3 – Atividades de aprendizagem apresentadas na cartilha

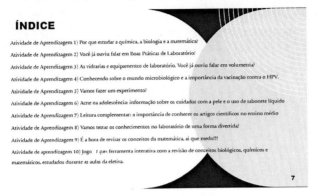

Fonte: o autor (2024)

A Figura 4 mostra a atividade de aprendizagem Jogo *Quiz*, uma ferramenta interativa com a revisão de conceitos biológicos, químicos e matemáticos, estudados durante as aulas da eletiva, o jogo está apresentado com a proposta de ensino na cartilha produzido por meio da prática educativa na escola.

Figura 4 – Atividades de aprendizagem *Jogo Quiz* apresentados na cartilha

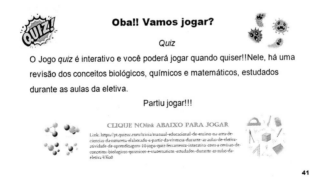

Fonte: o autor (2024)

Apresentação da **Cartilha de Ciências elaborada a partir da vivência durante as aulas de eletiva**

CARTILHA DE CIÊNCIAS ELABORADA A PARTIR DA VIVÊNCIA DURANTE AS AULAS DE ELETIVA

Autor: Walace Fraga Rizo

PRODUTO APRESENTADO CONCOMITANTE AO LIVRO *PRÁTICAS EDUCATIVAS E INCLUSIVAS NA ESCOLA: CARTILHA DE CIÊNCIAS ELABORADA A PARTIR DA VIVÊNCIA DURANTE AS AULAS DE ELETIVA* – 1.ª EDIÇÃO/ 2024

Espírito Santo – 2024

ESTRUTURA

Este material foi elaborado a partir da vivência em sala de aula durante as aulas de eletiva, em uma escola da rede estadual de ensino do estado do Espírito Santo, com a participação de um grupo de estudantes do ensino médio regular.

Os temas abordados seguem as orientações do plano de curso buscando conciliar o conteúdo apresentado com as necessidades dos estudantes.

Em cada tópico apresento sugestões de atividades que foram desenvolvidas durantes as aulas de eletiva como: aula expositiva, aula experimental, textos, exercícios, artigos, imagens e outros materiais que podem ser facilmente acessados pelos estudantes e conduzidos pelos professores, com o objetivo de refletir.

Olá, meu nome é Walace Fraga Rizo.

Apresento a vocês a CARTILHA DE CIÊNCIAS ELABORADA A PARTIR DA VIVÊNCIA DURANTE AS AULAS DE ELETIVA.

Foto do autor

6

Neste material, você vai encontrar uma série de atividades organizadas, que podem ser desenvolvidas com ou pelos alunos de Ensino Médio. Há sugestões de leitura, atividades práticas para enriquecer o repertório a respeito dos conteúdos abordados.

ÍNDICE

Atividade de Aprendizagem 1) Por que estudar a química, a biologia e a matemática?

Atividade de Aprendizagem 2) Você já ouviu falar em Boas Práticas de Laboratório?

Atividade de Aprendizagem 3) As vidrarias e equipamentos de laboratório. Você já ouviu falar em volumetria?

Atividade de Aprendizagem 4) Conhecendo sobre o mundo microbiológico e a importância da vacinação contra o HPV.

Atividade de Aprendizagem 5) Vamos fazer um experimento?

Atividade de Aprendizagem 6) Acne na adolescência: informação sobre os cuidados com a pele e o uso de sabonete líquido

Atividade de Aprendizagem 7) Leitura complementar: a importância de conhecer os artigos científicos no ensino médio

Atividade de Aprendizagem 8) Vamos testar os conhecimentos no laboratório de uma forma divertida?

Atividade de Aprendizagem 9) É a hora de revisar os conceitos da matemática, ai que medo!!!

Atividade de aprendizagem 10) Jogo *1 qer*: ferramenta interativa com a revisão de conceitos biológicos, químicos e matemáticos, estudados durante as aulas da eletiva.

ORGANIZAÇÃO

Introdução

Principais objetivos

Atividades desenvolvidas nas aulas de eletiva

Agradecimentos

INTRODUÇÃO

No ensino médio, muitos estudantes apresentam dificuldades nos componentes curriculares da área de ciências da natureza. Esta cartilha pretende provocar a curiosidade e o aprendizado nessa grande área do conhecimento. Dessa forma, foi necessária a elaboração de novas práticas educativas que auxiliem os alunos durante o processo. O componente curricular da eletiva é uma oportunidade para trabalhar as artes, a música, a comunicação e as atividades com os experimentos de laboratório. A ideia é estimular os alunos a discussão de saberes e a vivência em sociedade.

OBJETIVOS

Provocar o olhar crítico dos estudantes e o aprendizado em conteúdos específicos da biologia, da química e da matemática.

Para refletir:

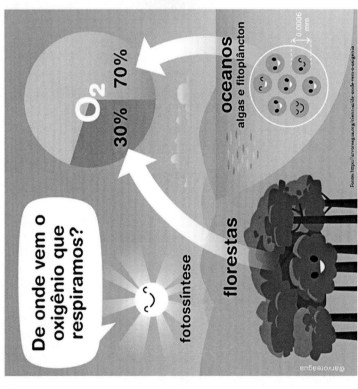

Agora é com você. Escreva um texto entre 7 a 10 linhas respondendo a questão: por que estudar a biologia, a química e a matemática?

Você pode gravar um vídeo ou um áudio, se preferir, poste no nosso Instagram e compartilhe com os colegas e professores.

Acesse e segue a gente lá: @praticaslaboratorio_jb

Existem normas de segurança e biossegurança que são importantes para o seu conhecimento antes mesmo de iniciar as atividades com experimentos no laboratório.

Além disso, é importante consultar o tutor sempre que estiver com dúvida.

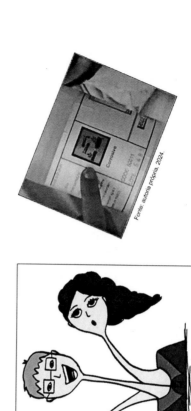

Fonte: autoria própria, 2024.

16

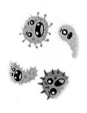

Na atividade sobre as Boas Práticas de Laboratório você deve fazer uma pesquisa para indicar quais são os Equipamentos de Proteção Individual (EPI's) e informar qual é a importância deles para a sua proteção e para a proteção dos colegas e do professor. Vamos lá!

Você conhece os Equipamentos de Proteção Coletiva (EPC´s)?

Vamos te convidar para um passeio na escola e juntos identificaremos alguns desses equipamentos.

Vem comigo!

Nessa atividade eu te convido a refletir sobre um termo muito usado na química: "volumétrico".

Você já ouviu falar? Após a aula sobre vidrarias, identificação, suas funções e os equipamentos usados nas práticas experimentais, identifique junto do tutor quais são as vidrarias volumétricas que você irá utilizar nas suas próximas atividades.

Vamos lá!!!

ATIVIDADE DE APRENDIZAGEM 4) CONHECENDO SOBRE O MUNDO MICROBIOLÓGICO E A IMPORTÂNCIA DA VACINAÇÃO CONTRA O HPV

VÍRUS DO PAPILOMA HUMANO (HPV)

O QUE É
Vírus do papiloma humano (HPV) é a doença sexualmente transmissível mais comum entre homens e mulheres. Provoca lesões e verrugas genitais e câncer de colo de útero

TRANSMISSÃO
Contato direto com a pele infectada; durante a relação sexual (HPV genital); compartilhar toalha e roupas íntimas usadas também pode transmitir

PREVENÇÃO
- Camisinha diminui risco, mas não protege todas as áreas, como a base do pênis
- O exame de rotina Papanicolau rastreia lesões iniciais. Nesses casos, a chance de cura é de 100%

80% das mulheres entram em contato com o vírus durante alguma situação na vida

95% dos casos de câncer no colo do útero são causados pelo HPV

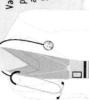

» VACINAS
EXISTEM DUAS DISPONÍVEIS:

BIVALENTE Contra os tipos 16 e 18

QUADRIVALENTE Contra os tipos 6, 11, 16 e 18

A VACINAÇÃO PÚBLICA SERÁ A QUADRIVALENTE E VAI INCLUIR:
 Meninas de 11 a 13 anos, a partir de março de 2014

 Meninas de 9 a 11 anos, a partir de 2015

COMO SERÁ A IMUNIZAÇÃO
Ocorrerá de forma estendida: a segunda dose da vacina será aplicada seis meses depois da primeira; a terceira dose, cinco anos após a segunda

FONTE: MINISTÉRIO DA SAÚDE

» TIRA-DÚVIDAS

ONDE SERÁ FEITA A VACINAÇÃO?
Unidades de saúde, escolas públicas ou privadas. Nas pré-adolescentes, é preciso autorização dos pais)

VALE A PENA VACINAR HOMENS?
Sim, pois previne condilomas genitais e lesões precursoras de câncer no pênis e ânus.

QUAL A META DO GOVERNO?
Vacinar 80% do público-alvo, que atualmente soma 5,2 milhões de pessoas

Você conhece o conceito de "vírus"? Pesquise e discuta com os colegas e com o professor.

Veja esse vídeo sobre a importância do processo de vacinação contra o **vírus** do HPV, e comente em casa com os seus responsáveis sobre os cuidados de manter o cartão de vacinação em dia. Você já está vacinado contra o HVP? **Procure o seu médico!**

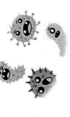

22

Clique no *link* e assista ao vídeo

Link: www.youtube.com/watch?v=DPWbieNoZSg

Ao pensar que existem muitos microrganismos que causam doenças é importante que você crie o hábito de lavar as mãos com frequência.

Vamos fazer sabonete em barra? Acompanha a explicação:

Fórmula:

- 300 g de glicerina branca
- Corante (3 gotas)
- 60 ml de lauril éter sulfato de sódio
- 30 ml de essência
- Corante (3 gotas)
- Forminhas retangulares

Procedimento:

- ➤ Derreter toda a glicerina (em banho-maria) até que ela fique sem pedaço
- ➤ Adicionar o lauril éter sulfato de sódio
- ➤ Acrescentar a essência
- ➤ Acrescentar o corante
- ➤ Colocar nas forminhas e esperar o sabonete endurecer (24h)

24

Como será que podemos constatar que uma reação química aconteceu durante o procedimento experimental da prática do sabonete em barra?

Pesquise qual composto químico presente na fórmula tem a função de "limpeza".

Discuta com o professor e com os colegas.

O que é acne? É uma bactéria de nome científico *Propionibacterium acnes*. Ela pode causar inflamação e infecção na pele. A acne é uma doença e precisa ser tratada.

Procure o seu médico dermatologista!

Uma forma de cuidado com a pele é fazer uso de um bom sabonete líquido. De forma geral, suas propriedades são detergentes. Sendo muito utilizado para lavar as mãos e o rosto. Geralmente, possui o pH em torno de 5.5 a 7.0 e pode conter extratos, óleos essenciais, enxofre, perfumes e corantes.

O desafio agora é fazer um sabonete líquido. Vamos praticar?

Fórmula:

Lauril éter sulfato de sódio..................40 %
Lauril sulfato de trietanolamina.............3 %
Dietanolamina de ácido graxo de côco....3,5 %
Enxofre 2%
Cloreto de sódio.................................1.%
Água destilada q.s.p.........................100ml

Material utilizado:

1) Balança eletrônica; 2) Proveta de 100 ml; 3) Béquer plástico de 250 ml; 4) Colher de plástico para pesagem; 5) Espátula ou bastão de plástico; 6) Papel manteiga.

Procedimento:

- Aquecer a água qsp (60 °C) e acrescentar os demais compostos. Homogeneizar até ficar transparente;
- Agitar levemente no final;
- Acertar a viscosidade com a solução de cloreto de sódio;
- Acertar o pH entre 5,5 e 6,5 com ácido cítrico.

Indicação: usado como base para preparação de sabonete líquido, contendo enxofre tem propriedade de limpar a pele e agir nos focos de bactéria, agente secativo.

Exercício

1) O que são bactérias? Elas podem causar doenças na pele? Comente.

2) Qual é a função do sabonete líquido? O que diferencia o sabonete líquido do sólido?

3) Quais são as propriedades do enxofre? Pesquise sobre o seu símbolo, o número atômico e o seu número de massa. Utilize a tabela periódica. *Clique no link.* www.todamateria.com.br/tabelaperiodica/

4) De acordo com a fórmula utilizada para a produção do sabonete líquido, pesquise quais são os compostos orgânicos presentes e aponte suas funções orgânicas.

5) Cite as funções inorgânica do cloreto de sódio utilizado na fórmula do sabonete líquido.

Leitura do artigo

1) A proposta é que você leia o artigo para se apropriar das informações. É uma forma de você conhecer os termos e as palavras para enriquecer o seu vocabulário.

CLIQUE NO *LINK* PARA REALIZAR A LEITURA.

Link: www.residenciapediatrica.com.br/detalhes/163/acne-e-adolescencia

ATIVIDADE DE APRENDIZAGEM 8)
VAMOS TESTAR OS CONHECIMENTOS NO LABORATÓRIO DE UMA FORMA DIVERTIDA?

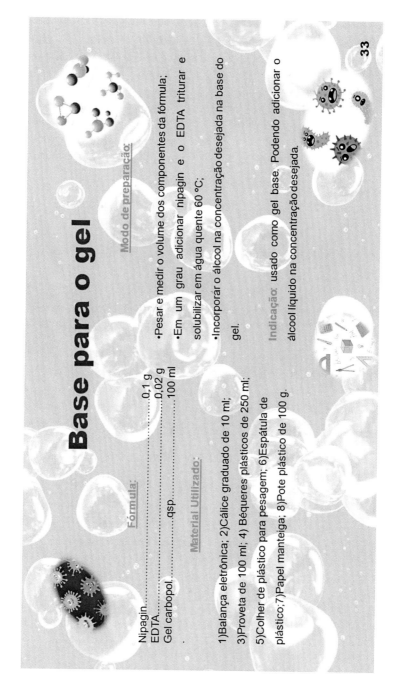

Base para o gel

Fórmula:
Nipagin.................................0,1 g
EDTA....................................0,02 g
Gel carbopol..........qsp..........100 ml

Material Utilizado:
1)Balança eletrônica; 2)Cálice graduado de 10 ml; 3)Proveta de 100 ml; 4) Béqueres plásticos de 250 ml; 5)Colher de plástico para pesagem; 6)Espátula de plástico;7)Papel manteiga; 8)Pote plástico de 100 g.

Modo de preparação:
• Pesar e medir o volume dos componentes da fórmula;
• Em um grau adicionar nipagin e o EDTA triturar e solubilizar em água quente 60 °C;
• Incorporar o álcool na concentração desejada na base do gel.

Indicação: usado como gel base. Podendo adicionar o álcool líquido na concentração desejada.

Álcool em gel 500g

Fórmula

- 400mL de água
- 5g de carbopol
- 5mL de neutralizante siliconado 0,5%
- De 500 a 700mL de álcool de cereais
- 5mL de essência
- Corante

Procedimento

- Polvilhar suavemente o carbopol sobre a superfície da água e deixar em repouso por 12 horas;
- Após, mexer bem e acrescentar 5mL do neutralizante. Neste momento observa-se a formação da "base gel";
- Acrescentar o álcool de cereal (no total de 500 a 700mL de álcool) e misturar;
- Corante (tonalidade desejada) e (5 a 7mL) essência (caso você preferir).

Atividade para elaboração de ficha técnica

1) Todo mundo já ouviu falar no álcool em gel? Sim ou não? Mas você sabe dizer qual a finalidade do álcool em gel? Ele realmente protege a sua pele da invasão dos microrganismos?

2) Faça uma pesquisa e elabore uma ficha com essas informações. Apresente para os colegas e para o professor como ficou o seu modelo de ficha técnica.

3) Você gostou de realizar o experimento e a produção do álcool em gel no laboratório da escola? Comente.

Decimais e porcentagem

Decimais

O número 0,48 é um número racional. Então, 0,48 é outro nome para a fração 48/100.

48/100 = 0,48

O número 0,325 é outro nome para a fração 325/1000.

325/1000 = 0,325

Para expressar uma fração na forma decimal, o numerador é simplesmente dividido pelo denominador:

12/96 = 0,125

Porcentagem

2 por cento significa 2 dividido por 100. Então, 2% representa o mesmo número racional que a fração:

2/100 = 2 %

Concentração

A concentração é uma expressão da razão entre a quantidade de um ingrediente e a quantidade de produto.

1. No caso de um ingrediente sólido em um veículo líquido, a proporção é expressa como um peso (massa) em um volume, denotado por m / v

2. Para um ingrediente líquido em um veículo sólido, a proporção é expressa como um volume em um peso (massa), denotado por v / m

3. Se o ingrediente e o veículo forem líquidos, a proporção é expressa como um volume em um volume, denotado por v / v

4. Se o ingrediente e o veículo são sólidos, a proporção é expressa como um peso (massa) em um peso (massa), denotado por m / m

Exercício

Uma preparação contém 400 mg de cloreto de sódio dissolvido em água para produzir 100 ml de solução. Expresse a concentração da solução em: mg/ml, mg/L e g/L.

ATIVIDADE DE APRENDIZAGEM 10)

JOGO QUIZ: FERRAMENTA INTERATIVA COM A REVISÃO DE CONCEITOS BIOLÓGICOS, QUÍMICOS E MATEMÁTICOS, ESTUDADOS DURANTE AS AULAS DA ELETIVA.

Oba!! Vamos jogar?

Quiz

O Jogo *quiz* é interativo e você poderá jogar quando quiser!! Nele, há uma revisão dos conceitos biológicos, químicos e matemáticos, estudados durante as aulas da eletiva.

Partiu jogar!!!

CLIQUE NO *LINK* ABAIXO PARA JOGAR

Link: https://pt.quizur.com/trivia/manual-educacional-de-ensino-na-area-de-ciencias-da-natureza-elaborado-a-partir-da-vivencia-durante-as-aulas-de-eletiva-atividade-de-aprendizagem-10-jogo-quiz-ferramenta-interativa-com-a-revisao-de-conceitos-biologicos-quimicos-e-matematicos-estudados-durante-as-aulas-da-eletiva-VKo0

42

Florescer exige passar por todas as estações.

Ita Portugal

Mensagem para os estudantes e professores

A proposta para a culminância

A culminância foi apresentada para a comunidade escolar no final do primeiro e do segundo trimestre. Foi exposto um cartaz informativo no corredor de entrada da escola, com fotos de todo o processo das aulas teóricas e experimentais da eletiva, além de conter frases inspiradoras escritas e assinada pelos alunos. Os alunos foram informados sobre a importância da prevenção das doenças causadas pelos microrganismos, vírus e bactérias, em especial o HPV, e foi feita a conscientização sobre a vacinação. Os produtos desenvolvidos em aula prática também foram revelados ao público: sabonete em barra, sabonetes líquidos antissépticos, álcool em gel. Os alunos relataram a sua utilização e a formulação dos compostos orgânicos; e abordaram os cuidados com a higiene na tentativa de minimizar a cadeia de transmissão microbiológica. Este livro e a cartilha foram divulgados para os alunos, professores, coordenação e direção entre os meses de agosto a setembro. A proposta é disponibilizá-lo também no acervo da biblioteca da escola.

Conclusões

De maneira resumida, pode-se concluir que para a elaboração do livro e da cartilha:

a. o conhecimento científico é neutro e objetivo;

b. a ciência pode sobrepor e substituir todas as formas de saber, sendo capaz de melhorar a vida das pessoas;

c. a busca por estratégias de ensino que deem sentido ao conteúdo ensinado para o aluno de ensino médio pode colaborar com o seu aprendizado;

d. é importante adequar a linguagem do professor com as formas de ensinar o conteúdo;

e. utilizar estratégias de ensino, com ênfase em aulas expositivas, dialogadas e experimentais agradou ao público da eletiva;

f. concomitante à produção do material educacional vem a consciência da responsabilidade em ser professor.

Foi elaborado um produto com características específicas que pode contribuir de forma efetiva na prática pedagógica de docentes que atuam em instituições de ensino que contemplam as aulas de eletiva. Também o material pode ser utilizado nos componentes curriculares de ensino de biologia, de química e de matemática. É importante que o professor exercite a capacidade de mediar o aprendizado, afastando-se da postura de transmissor de conhecimento tão comum no ensino "tradicional" da área de ciências da natureza.

REFERÊNCIAS

ASSEMBLEIA GERAL DA ONU. Declaração Universal dos Direitos Humanos. 1948. Disponível em: https://www.un.org/pt/documents/udhr/. Acesso em: 12 out. 2024.

BRASIL. Lei n.º 10.436, de 24 de abril de 2002. Dispõe sobre a Língua Brasileira de Sinais - Libras e dá outras providências. **Diário Oficial da União**, Brasília, DF, 25 abr. 2002. Seção 1, p. 2.

BRASIL. Ministério da Educação. Secretaria de Educação Média e Tecnológica. **Parâmetros Curriculares Nacionais**: Ensino Médio. Brasília, DF: 1999.

BRASIL. Ministério da Saúde. **Guia de Vigilância em Saúde**. Brasília: Ministério da Saúde, 2017. Disponível em: https://www.saude.gov.br. Acesso em: 13 out. 2024.

CHASSOT, A. **Catalisando transformações na educação**. Ijuí: Editora Unijuí, 1993.

GRANGER, G.-G. **A ciência e as ciências**. São Paulo: Editora Unesp, 1994.

LEONTIEV, A. **O desenvolvimento do psiquismo**. Lisboa: Horizonte, p. 261-284, 1978.

LEONTIEV, A. **Actividad, conciencia y personalidad**. Havana: Editorial Pueblo y Educación, 1983.

LEONTIEV, A. N. Os princípios psicológicos da brincadeira pré-escolar. *In:* VYGOTSKY, L. S.; LURIA, A. R.; LEONTIEV, A. N. **Linguagem, desenvolvimento e aprendizagem**. São Paulo: Ícone, 1988. p. 119-142.

LEONTIEV, A. N. Uma contribuição à teoria do desenvolvimento da psique infantil. *In:* VIGOTISKI, L. S.; LURIA, A. R.; LEONTIEV, A. N. **Linguagem, desenvolvimento e aprendizagem**. 5. ed. São Paulo: Ícone, 2001.

MANTOAN, M. T. E. M. Teachers' education for inclusive teaching: refinement of institutional actions. **Revue Francophone de la Déficience Intellectuelle**, Montréal/Québec, número spéciale, p. 52-54, 1999.

MANTOAN, M. T. E. M. **Caminhos pedagógicos da inclusão**. São Paulo: Memnon, edições científicas, 2001.

MANTOAN, M. T. E. M. Produção de conhecimentos para a abertura das escolas às diferenças: a contribuição do LEPED (Unicamp). *In:* ROSA, D. E.; SOUZA G. V. D. de (org.). **Políticas organizativas e curriculares, educação inclusiva e formação de professores**. Rio de Janeiro: DP&A, 2002. p. 79-93.

MENESES, C. Acne e adolescência. Acne and Adolescence. Acné y Adolescencia. **Revista Residência Pediátrica**, Rio de Janeiro, v. 5, n. 3, supl. 1, 2015.

MOURA, M. O. de (coord.). **Controle da variação de quantidades**: atividades de ensino. São Paulo: Universidade de São Paulo, 1996.

TOLMAN, C. W. O vocabulário básico da teoria da atividade. Tradução de Wellington Lima Cedro. *In:* TOLMAN, C. W. **The basic vocabulary of Activity Theory**. [*S. l.*]: [*s. n.*], 1988. p. 14-20.

VYGOTSKY, L. S. **Pensamento e Linguagem**. Tradução de Jeferson Luiz Camargo. São Paulo: Martins Fontes, 1987.